HISTORIAS ENREDADAS

1.ª edición: septiembre 2024

© Del texto: Ana Alonso, 2024
© De las ilustraciones: Esther Lecina, 2024
© De esta edición: Grupo Anaya, S. A., 2024
Valentín Beato, 21. 28037 Madrid
www.anayainfantilyjuvenil.com

ISBN: 978-84-143-3454-6
Depósito legal: M-12475-2024
Impreso en España - Printed in Spain

PAPEL DE FIBRA
CERTIFICADA

*Reservados todos los derechos. El contenido de esta obra está protegido
por la Ley, que establece penas de prisión y/o multas, además de
las correspondientes indemnizaciones por daños y perjuicios, para quienes
reprodujeren, plagiaren, distribuyeren o comunicaren públicamente,
en todo o en parte, una obra literaria, artística o científica,
o su transformación, interpretación o ejecución artística fijada
en cualquier tipo de soporte o comunicada a través de cualquier
medio, sin la preceptiva autorización.*

ANA ALONSO

ANTIGUA ROMA

ILUSTRACIONES DE
ESTHER LECINA

¡Hola, soy Aurora Mores!

Encontré el *Atlas del tiempo perdido* en un desván y ahora salto de época en época como quien salta de una canción a otra en Spotify. ¡Y en todas las épocas hago amigos!

En mi mochila llevo:

Atlas del tiempo perdido

Lo encontré en el desván de mis abuelos y no tengo ni idea de cómo llegó allí. Es fácil de usar. Buscas en el índice la época que te interesa, abres el libro por esa página y ¡BAM!, estás en esa época. Pero no es un viaje virtual. Es real... ¡A veces, demasiado!

Mi móvil
No solo lo uso para hacerme selfis con Cleopatra...
También me ayuda a documentar todo lo que veo.

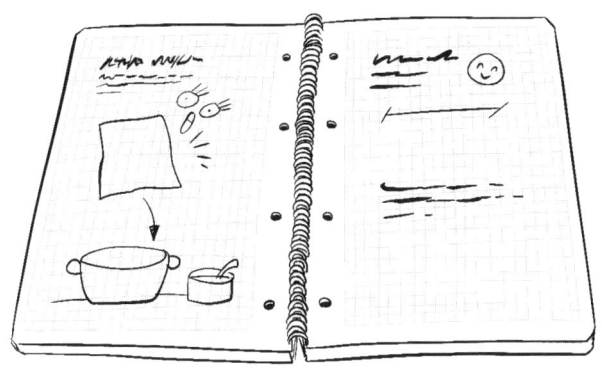

Mi libreta de comparaciones
Aquí apunto todo: lo bueno, lo malo y lo muy loco.
Por ejemplo, ¡los romanos usaban orina para blanquear
la ropa!

¡Salve, soy Julia Gladiatrix!

Sí, soy una gladiadora, aunque suene raro. He luchado con hombres, leones y hasta con algún elefante malhumorado. Si quieres conocer el lado más peleón de la vida romana, yo te lo puedo enseñar.

El casco de la melena indomable
Ni tocado ni diadema. Este casco es mi amuleto. Me protege de los golpes, aunque, cuando me lo quito… ¡vaya pelos!

La medalla que no es de chocolate
Ganada a pulso, y no en una tómbola. Este es el símbolo de mi libertad y de cada combate que he ganado.

Mi espada invencible
Este *gladius* me ha sacado de más de un aprieto. ¡Es tan afilado que podría cortar el ego de César!

¡Hola, soy Gaius Ventus!

Nací esclavo, pero ahora soy un ciudadano libre, y créeme, no fue cuestión de suerte, sino de ingenio. Si quieres saber cómo era la vida cotidiana en la antigua Roma, soy tu hombre.

La *tabula rasa*

Mi inseparable tablilla de cera. Aquí lo apunto todo, desde la receta del último plato de lentejas hasta la última chismografía del mercado.

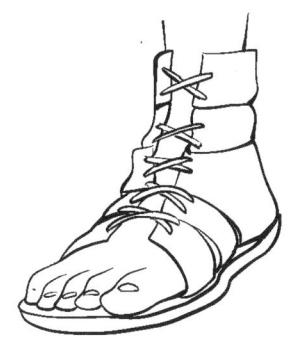

El denario de la libertad

Cuando me liberaron, me dieron este denario de recuerdo. No vale mucho, pero su valor sentimental... ¡no tiene precio!

Calceus simplex

Estos humildes zapatos me han acompañado en mis peores y mejores momentos. ¡Quién necesita sandalias de lujo cuando puedes tener un calzado con historia!

¡Buenas, soy Faunus Locus!

Una mezcla de hombre y cabra y un buen guía turístico del Imperio, sobre todo si quieres conocer a los seres mágicos de la antigua Roma.

La rama de la sabiduría
Parece un palo normal
y corriente…, pero contiene
la sabiduría de los bosques.

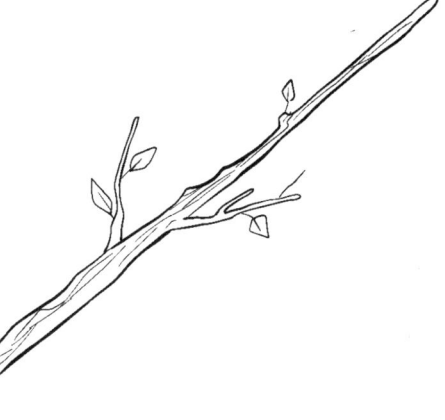

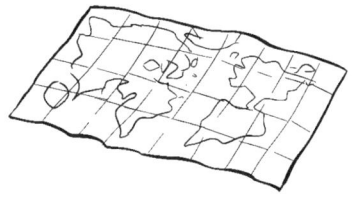

Mapa de las maravillas
Este mapa mágico te lleva
a los rincones más chulos
del Imperio.

Flauta de Pan
No solo sirve para tocar
melodías encantadoras.
Si das con las notas
adecuadas, puedes invocar
a cualquier ser mitológico.

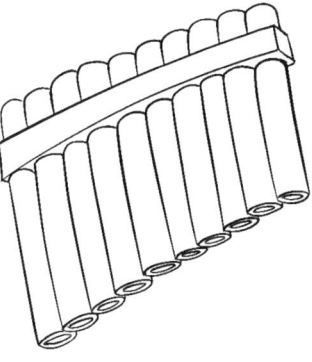

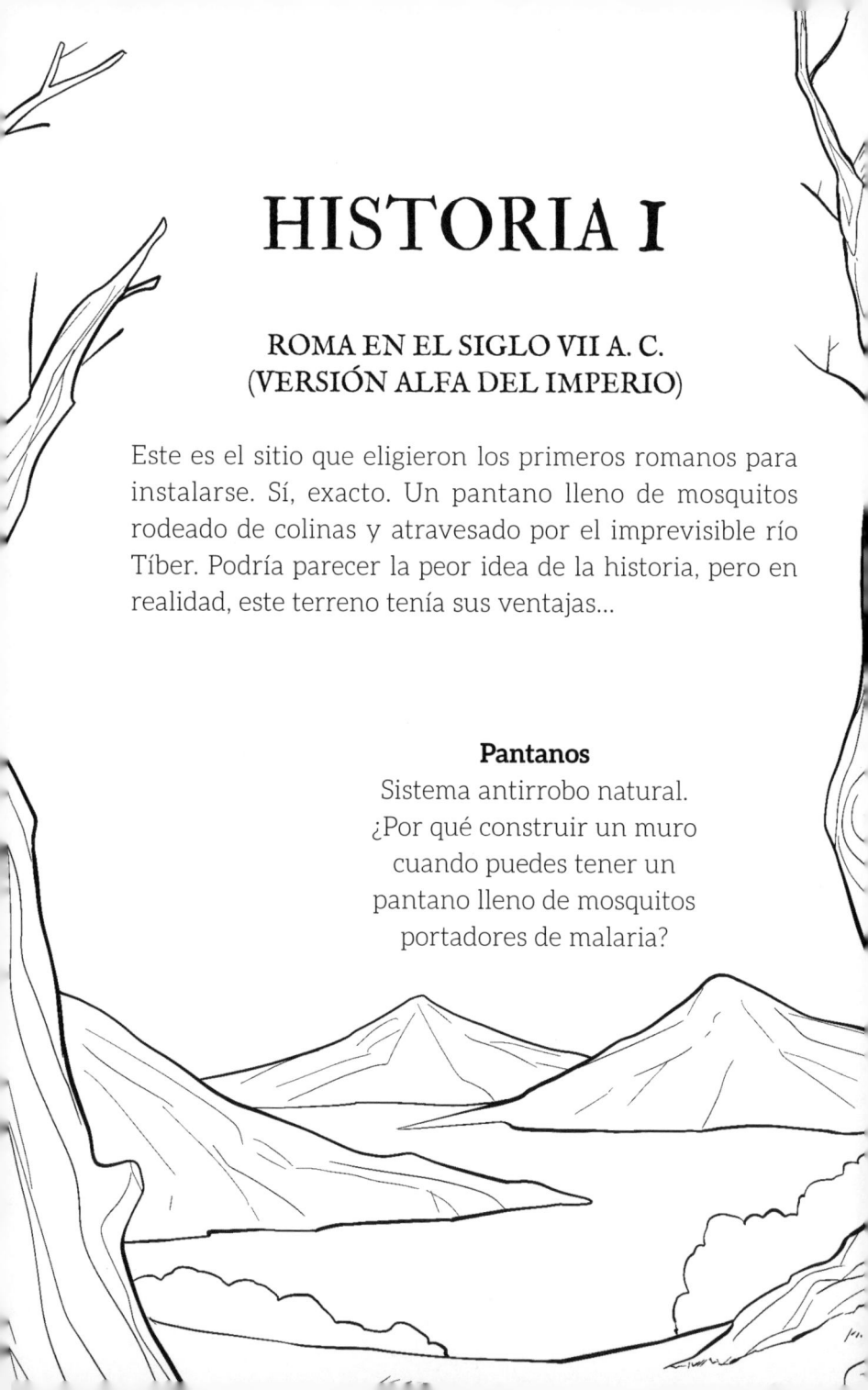

HISTORIA I

ROMA EN EL SIGLO VII A. C. (VERSIÓN ALFA DEL IMPERIO)

Este es el sitio que eligieron los primeros romanos para instalarse. Sí, exacto. Un pantano lleno de mosquitos rodeado de colinas y atravesado por el imprevisible río Tíber. Podría parecer la peor idea de la historia, pero en realidad, este terreno tenía sus ventajas…

Pantanos
Sistema antirrobo natural. ¿Por qué construir un muro cuando puedes tener un pantano lleno de mosquitos portadores de malaria?

LUPERCA, LA MADRE DE ROMA

Los gemelos Rómulo y Remo, que eran hijos del dios Marte y de Rhea Silvia, princesa de Alba Longa, no empezaron muy bien en la vida. Su tío Amulio temía que le arrebatasen el trono, así que los arrojó al río Tíber dentro de una cesta. Menos mal que aquel día la loba Luperca andaba por allí... Los gemelos le hicieron gracia y decidió quedárselos para criarlos junto con sus otros hijos.

Doce, hermano, ¡doce!

¿En serio tenemos que hacer esto?

Con un arado, Rómulo trazó un cuadrado en la tierra y dijo que allí dentro construiría su ciudad. También dijo que mataría al que cruzase la línea. Remo pensó que era una broma, y cruzó… Pero Rómulo iba en serio. Después de matar a su hermano, Rómulo ya tenía el campo libre para fundar Roma.

HISTORIA ENREDADA
Si quieres saber más sobre asesinatos romanos famosos, ve a la página 27.

OTROS ANIMALES IMPORTANTES PARA LOS ROMANOS

El caballo

Durante los idus de octubre, los romanos celebraban carreras de caballos en honor al dios Marte. Como parte de las festividades, se sacrificaba un caballo, y su cabeza se llevaba en procesión por las calles de Roma.

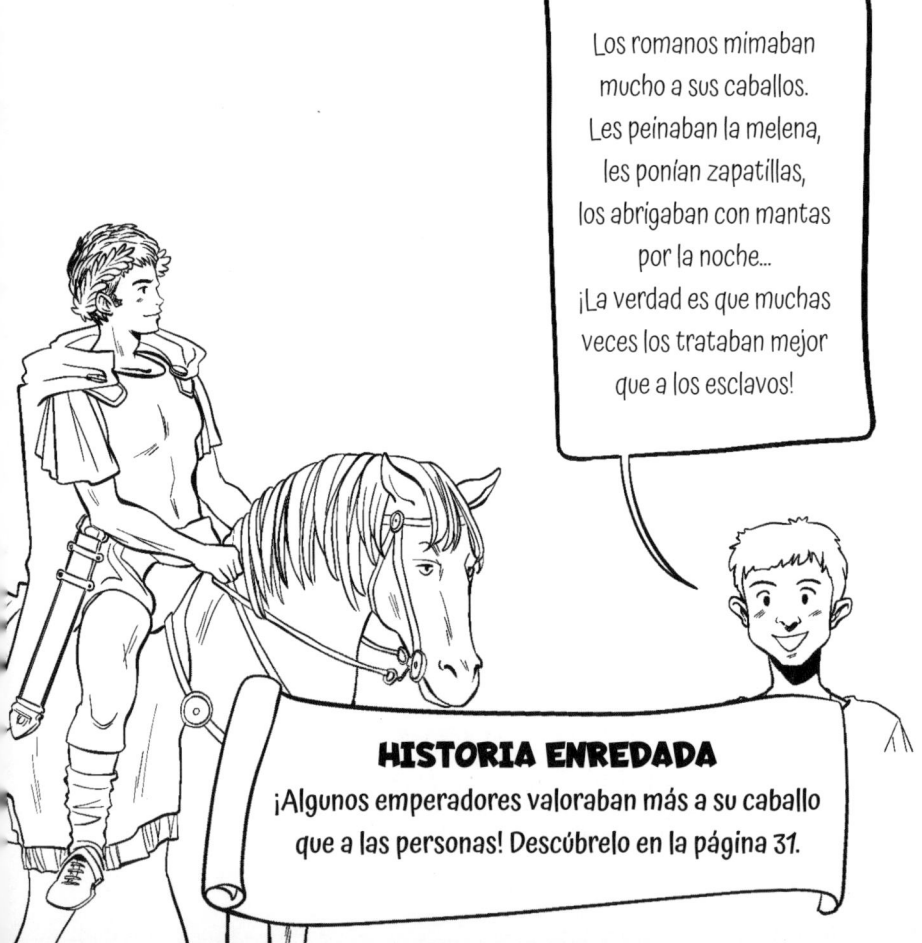

Los romanos mimaban mucho a sus caballos. Les peinaban la melena, les ponían zapatillas, los abrigaban con mantas por la noche... ¡La verdad es que muchas veces los trataban mejor que a los esclavos!

HISTORIA ENREDADA
¡Algunos emperadores valoraban más a su caballo que a las personas! Descúbrelo en la página 31.

El gallo

En la antigua Roma, los gallos se utilizaban para rituales de adivinación. Los augures, sacerdotes encargados de interpretar los signos de los dioses, liberaban a un gallo y observaban su comportamiento.

Si el gallo picotea con avidez el grano, significa buena suerte.

La serpiente

Las serpientes se consideraban sagradas y se relacionaban con varios dioses, entre ellos Esculapio, el dios de la medicina. En sus templos, las serpientes se movían libremente y los sacerdotes las cuidaban.

Las serpientes representaban la sabiduría y la renovación, debido a su capacidad para mudar la piel.

EL ÁGUILA ROMANA

En la mitología romana, el águila es la mensajera personal de Júpiter, el jefe de los dioses. Simboliza el poder de esta importante divinidad.

Cuando Cayo Mario se convirtió en cónsul en el 104 a.C., decidió que solo el águila merecía ser el estandarte de la legión romana. Los otros animales no pasaron el cásting.

CREA TU PROPIA FÁBULA ROMANA

Ha llegado el momento de enredar las historias. Mezcla lobos con águilas y algún dios o diosa para crear tu propia fábula romana en un cómic. ¡Echa a volar tu imaginación!

¿Por qué no incluyes en tu fábula a un personaje de la cultura popular actual como Bob Esponja o Pikachu? Podría ser una forma interesante de mezclar lo antiguo con lo moderno.

HISTORIA II

NO SOLO EMPERADORES

Siempre me he imaginado la antigua Roma como un imperio. Pero resulta que no. Si viajas más atrás en el tiempo, te encuentras con que era una república donde mandaban los senadores. Y, más atrás aún, una monarquía... ¡Los romanos pasaron por todo tipo de formas de gobierno!

Monarquía
753 a. C. – 509 a. C.

República
509 a. C. – 44 a. C.

Julio César

Fue político y militar durante la república. Es decir, ¡nunca fue emperador! El imperio llegó más tarde, en el año 27 a. C. con el primer emperador, Augusto.

Imperio
27 a. C. – 476 d. C.

HISTORIA ENREDADA

¿Quieres saber más sobre el famoso Julio César? ¡Pues pasa de página!

DE LA CORONA A LA TOGA

Roma no siempre fue un imperio. Comenzó como una monarquía, pero en el 509 a.C. se transformó en una república. En este sistema, los senadores, todos nobles, eran los que realmente tenían el poder.

Durante la República, en Roma había distintas clases de ciudadanos. Los patricios, descendientes de las primeras familias de Roma, acumulaban riqueza y poder. Los plebeyos, que eran los ciudadanos corrientes, tenían menos privilegios. Los caballeros o equites, aunque de origen plebeyo, se enriquecieron gracias al comercio y llegaron a ser muy importantes para la economía de Roma. En la base de esta estructura social estaban los esclavos, que eran propiedad de otras personas y no tenían derechos.

> En el Senado no había lugar ni para los pobres, ni para los esclavos, ni para las mujeres.

YO SÍ QUIERO UNA CORONA

En el siglo I a. C., Julio César, un general romano de origen patricio que había destacado en las conquistas de la Galia y de Hispania, aprovechó las crisis constantes del senado para hacerse con el poder.

El pueblo estaba de su parte, y se rumoreaba que quería ser rey. Asustados, unos cuantos senadores tramaron su muerte. Lo asesinaron en los idus de marzo del año 44 a. C.

HISTORIA ENREDADA

¿Qué significa idus, y qué superstición tenían los romanos sobre esta fecha? Descúbrelo en la página 71.

MEJOR, EMPERADOR

Augusto, el primer emperador de Roma, consolidó su poder tras su victoria en Egipto y la derrota de Marco Antonio y Cleopatra. Después de la muerte de Julio César se proclamó «princeps», o «primer ciudadano», y transformó el sistema político. Aunque mantuvo la fachada de la república, en realidad ejercía un control total sobre el gobierno. El Senado continuó existiendo, pero su poder se redujo a un papel simbólico, ya que Augusto tenía la última palabra en las decisiones trascendentales.

El Senado puede seguir debatiendo. ¡La única opinión que cuenta es la mía!

Y no le bastaba con ser emperador... ¡Quería ser un dios! Empezó a decir que era descendiente del dios Marte, protegido de Júpiter... Y consiguió que a su muerte lo divinizaran. Así nació el culto religioso a los emperadores.

HISTORIA ENREDADA

¿Quieres saber más sobre los dioses romanos? A partir de la página 60 podrás descubrir a unos cuantos.

OTROS EMPERADORES

Desde Augusto hasta la caída del Imperio romano de Occidente en el año 476 d.C., hubo más de setenta emperadores. Aquí tienes a algunos de los más conocidos:

Nerón (54-68 d.C.)
Famoso por su tiranía y por la leyenda de que ordenó incendiar Roma.

Trajano (98-117 d.C.)
Bajo su gobierno, el Imperio alcanzó su mayor extensión.

HISTORIA ENREDADA

A Trajano le gustaba presumir de sus logros de manera monumental. Descubre cómo en la página 42.

Calígula (37-41 d.C.)
Conocido por su extravagancia y por intentar nombrar cónsul a su caballo.

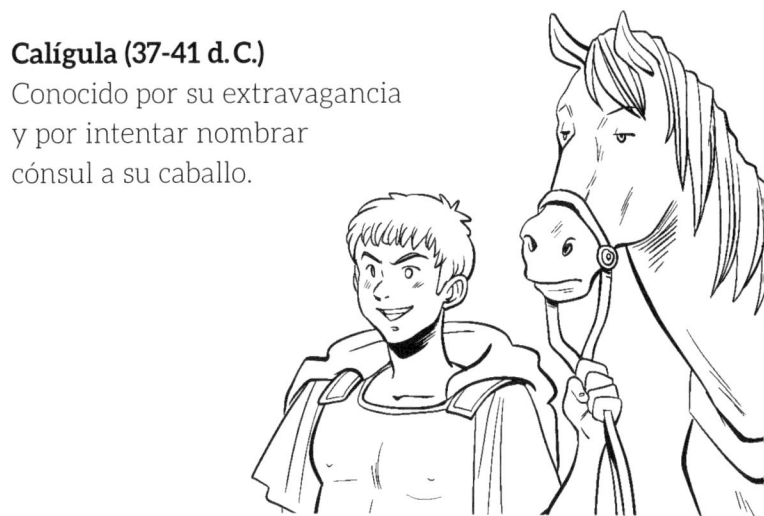

Marco Aurelio (161-180 d.C.)
Un emperador filósofo, conocido por sus reflexiones estoicas.

Lo que no te mata, te hace más fuerte.

SI FUERAS EMPERADOR...

Imagina que eres el emperador o la emperatriz de Roma. ¿Qué harías? ¿Cómo sería tu palacio? ¿Qué leyes promulgarías para mejorar la vida de tus ciudadanos? ¿Hacia dónde expandirías el Imperio? Aquí tienes algunas ideas para empezar a soñar.

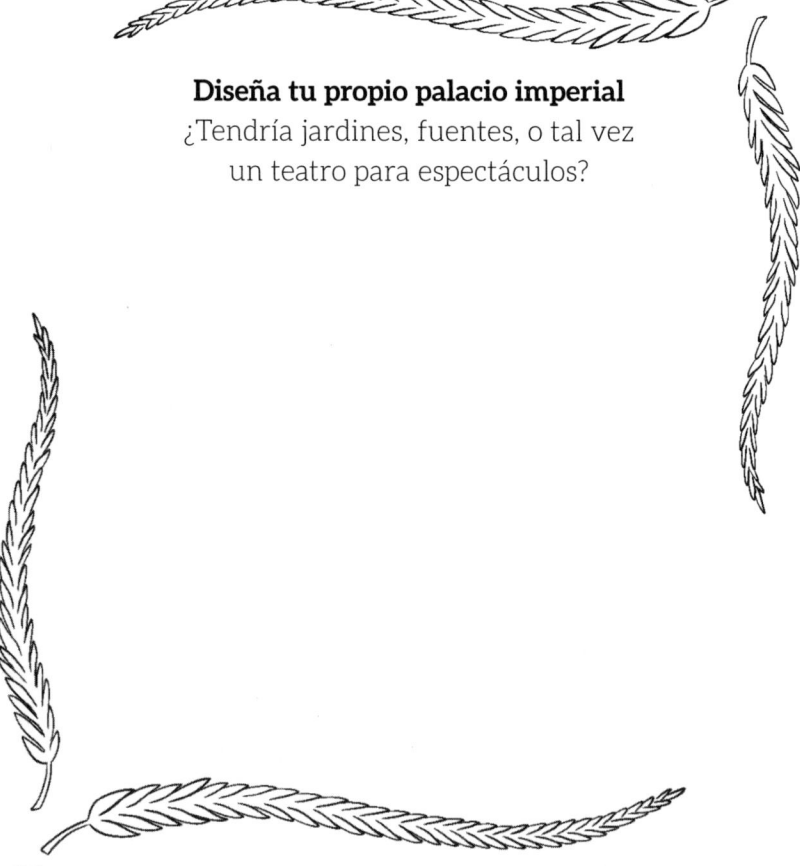

Diseña tu propio palacio imperial
¿Tendría jardines, fuentes, o tal vez un teatro para espectáculos?

Proclama una nueva ley

¿Qué ley promulgarías? Escribe una nueva regla que crees que haría de Roma un lugar mejor.

¿Sabías que el Imperio romano se dividió en dos y que el último emperador de Occidente fue un niño llamado Rómulo Augústulo? Fue derrocado en el año 476 d. C. por Odoacro, un líder bárbaro. ¡Qué manera de cerrar un capítulo tan impresionante de la historia!

HISTORIA III

LA CIUDAD: ARQUITECTURA Y VIDA

En el siglo XXI, los incendios son raros, pero en la antigua Roma había muchísimos, sobre todo en las viviendas más pobres. Los bomberos (vigiles) trabajaban sin descanso, ¡y eso que había más de 3000!

UNA CIUDAD CON MUCHAS PUERTAS

La Roma imperial, una metrópolis con más de un millón de habitantes, era el centro neurálgico del mundo antiguo. Rodeada por sólidas murallas con puertas destacadas como la Porta Maggiore y la Porta Capena, la ciudad atraía a inmigrantes de todo el Imperio. Pero la vida en Roma no era fácil: falta de espacio, ruido, suciedad… epidemias de malaria… ¡Aun así, nadie quería irse!

HISTORIA ENREDADA
Por algo el dios romano más querido era Jano, el dios de las puertas… Conócelo en la página 63.

EL FORO, DONDE PASA DE TODO

En el corazón de la antigua Roma, el Foro Romano era un hervidero de actividad. Este amplio espacio albergaba templos dedicados a los dioses y basílicas donde se realizaban negocios y se administraba justicia. Además, el Foro estaba lleno de edificios comerciales, donde los vendedores ofrecían desde especias exóticas hasta lujosas telas. Era el lugar de encuentro para todo, desde los debates políticos hasta los juicios públicos y las transacciones comerciales.

En el Foro había templos dedicados a los dioses Júpiter, Juno, Minerva..., pero el más importante era el de Saturno, que albergaba el tesoro público.

Los juicios romanos eran bastante parecidos a los de ahora. ¡Los hemos copiado!

La moneda más importante para el comercio era el denario de plata. Para compras menos importantes se utilizaban monedas de bronce como los sestercios.

ENTRAD Y DISFRUTAD

En la antigua Roma, tanto los ricos como los pobres disfrutaban de una amplia variedad de entretenimientos y actividades de ocio. Además, en esos lugares públicos se socializaba y se hacían negocios o tratos políticos.

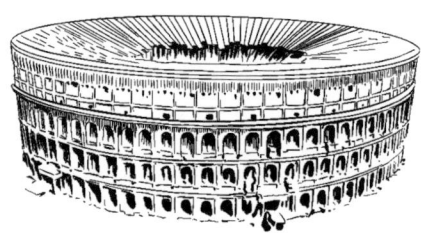

Anfiteatro
Los anfiteatros, como el famoso Coliseo, eran escenario de emocionantes combates de gladiadores, de espectáculos con animales salvajes... ¡Incluso hacían batallas navales llamadas *naumaquias*!

Teatro
Aquí se representaban obras o actuaciones musicales.

Circo
En los circos se celebraban carreras de carros tirados por caballos.

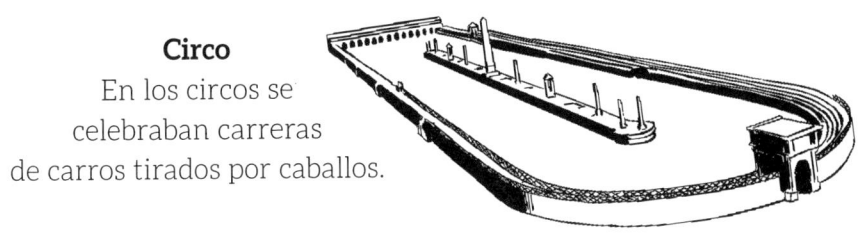

Termas
Aquí, los romanos se sumergían en piscinas calientes y frías, hacían ejercicio, y se reunían para discutir los asuntos del día.

HISTORIA ENREDADA
¿Cuánto crees que le costaban todos estos lujos al romano medio? ¡¡¡Nada!!! ¿Quieres saber por qué?
Pues ve a la página 48.

VIVIENDAS DE TODAS CLASES

En la Roma imperial, no había barrios ricos y barrios pobres. Las grandes casas de los patricios estaban mezcladas con los humildes pisos *(insulae)* de la gente del pueblo. Los ricos, además, tenían segundas viviendas en el campo con todo tipo de comodidades: eran las famosas *villae*.

Insula

Eran construcciones de varios pisos sin ninguna comodidad. Las habitaciones eran muy pequeñas, no había cocina ni baños, y en los pisos más altos los techos eran muy bajos. Estaban hechas de ladrillo barato y vigas de madera y eran casas de alquiler. Muchas tenían una sola habitación.

Es verdad que las *insulae* no suelen tener cocina, pero en casi todas las calles hay termopolios, que son restaurantes de comida rápida.

Domus patricia

La *domus* era la casa de la gente adinerada. Tenía un patio (*atrium* o peristilo) y distintos tipos de habitaciones alrededor: el *triclinium* (comedor), el *tablinum* (despacho) y los *cubicula* (dormitorios), además de cocina, bodegas, baños, jardines, etc.

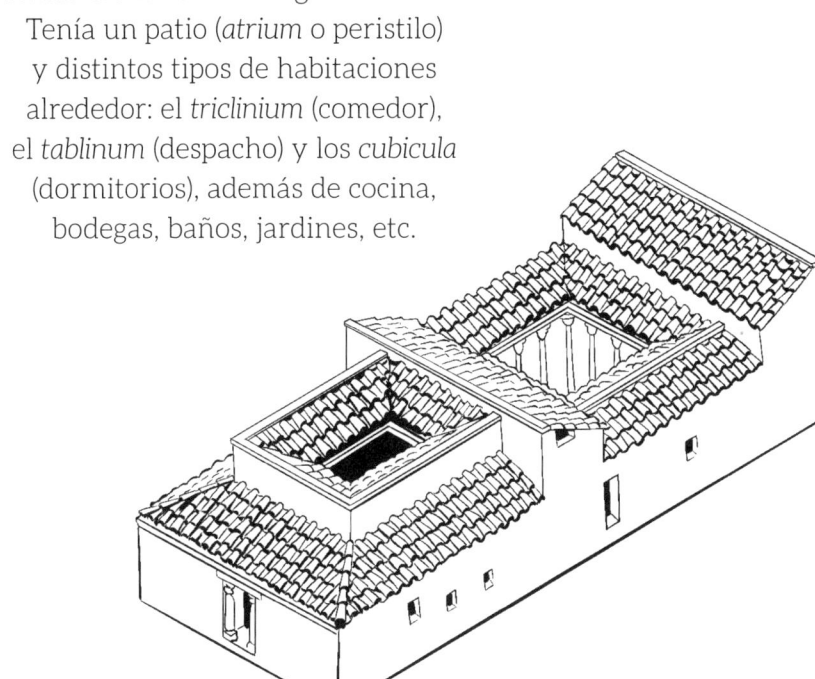

HISTORIA ENREDADA

¿Sabías que cada casa romana tenía sus propios dioses?
Si quieres saber más, ve a la página 66.

ARQUITECTURA IMPERIAL: COLUMNAS Y ARCOS DE TRIUNFO

En la arquitectura imperial de Roma, tanto las columnas conmemorativas como los arcos de triunfo servían para exaltar las victorias y logros militares de los emperadores. Estas estructuras estaban adornadas con detallados relieves que narraban alguna batalla de manera visual. ¡Eran auténticos cómics de piedra!

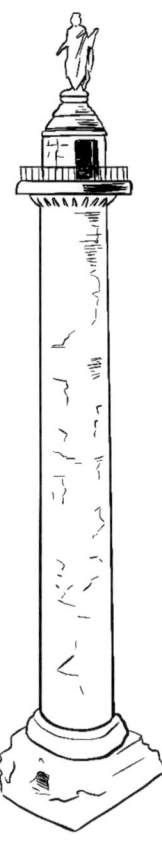

La Columna de Trajano, erigida en el 113 d.C., detalla las victorias del emperador Trajano en Dacia. Estaba situada en el interior de una basílica y completamente pintada de colores.

El arco de Tito, construido después de su muerte en el 81 d.C., honra su triunfo en la guerra Judía. Los relieves muestran el saqueo de Jerusalén y el momento en que los romanos se llevaron la menorá del templo.

Aunque el emperador lo llamase «extender la civilización», en realidad es un monumento a la destrucción.

CONSTRUYE TU ARCO DE TRIUNFO

¿Listo para ser un gran arquitecto romano? ¡Vas a construir tu propio arco de triunfo! Necesitarás cartulina, tijeras, pegamento y mucha creatividad.

1. Diseña el plano
Dibuja un gran arco en tu cartulina parecido al de la figura.

2. Decora con tus logros
Antes de recortar, decora tu arco con dibujos de tus mejores momentos. ¿Ganaste una carrera? ¿Aprendiste a nadar? ¡Todo vale!

3. Recorta y dobla
Con cuidado, recorta tu arco y dóblalo para que se mantenga de pie. Pega las pestañas con pegamento.

4. Añade detalles
Usa plastilina o materiales reciclables para darle más vida. ¿Qué tal unas estatuas de plastilina a los lados?

5. Exhibe tu obra
¡Coloca tu arco de triunfo en un lugar especial! Muestra a tu familia y amigos tu magnífica creación.

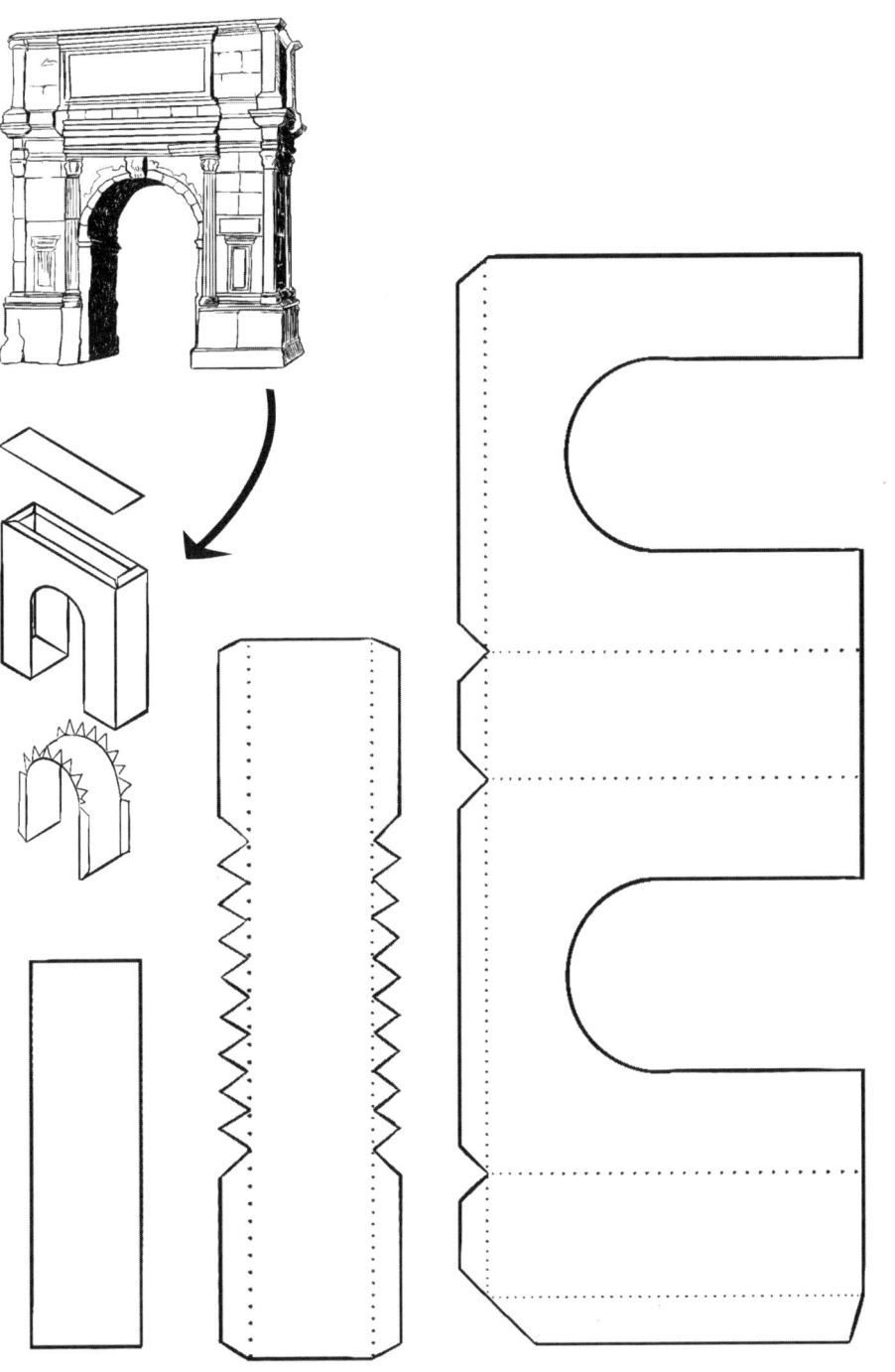

HISTORIA IV

LA PAZ Y LA GUERRA

Desde su fundación, Roma se caracterizó por su tendencia a guerrear. Peleó con sus vecinos, los civilizados etruscos, hasta eliminarlos. Se enfrentó a los cartagineses en las famosas guerras Púnicas, y extendió su territorio desde Hispania hasta Persia... no precisamente por las buenas.

Por si estas guerras fueran pocas, cada dos por tres estallaba una guerra civil entre distintos grupos de poder romanos. Solo con la llegada de Augusto al poder, comenzó un largo período de paz... ¡y de aburrimiento! Los gobernantes lo tenían claro: para mantener entretenida a la población cuando no había guerra, su fórmula era darles «pan y circo».

PAN... Y OTRAS COSAS

El pan era el alimento principial de la dieta romana, pero no el único. Los romanos también comían frutas, verduras, legumbres y, en ocasiones, carne y pescado. El vino era una bebida común, pero siempre diluido con agua. La dieta variaba mucho entre las distintas clases sociales: mientras que los ricos disfrutaban de banquetes con alimentos exóticos y carnes selectas, el pueblo comía alimentos más simples. Y sí, los romanos comían recostados en triclinios, aunque esta costumbre era más común entre las clases altas.

DIVERSIÓN PARA LAS MASAS

La famosa frase «*panem et circenses*» (pan y circo) refleja el método de algunos dirigentes romanos para mantener contenta a la población. Estas políticas comenzaron en serio durante el siglo I a.C., cuando los gobernantes empezaron a ofrecer trigo gratuito y espectáculos para todos en los circos y teatros. La idea era mantener al pueblo entretenido y bien alimentado para evitar rebeliones.

Además de estos beneficios, ser ciudadano romano tenía ventajas legales, como poder ser propietario de tierras y el derecho a la protección de la justicia. Con el tiempo, la ciudadanía se extendió más allá de Roma y llegó a ser un honor concedido a los habitantes de los territorios conquistados, fortaleciendo los lazos de estos con el Imperio.

VIDA DE GLADIADOR(A)

Los gladiadores eran luchadores que protagonizaban emocionantes combates en los anfiteatros de Roma. Aunque muchos eran esclavos, prisioneros de guerra o criminales, algunos eran hombres libres que elegían esta profesión.

Existían varios tipos de gladiadores, cada uno con armas y armaduras distintivas: el mirmilón luchaba con espada y escudo, el *retiarius* usaba una red y un tridente, el *secutor* perseguía a su adversario armado pesadamente, y los *venatores* luchaban contra animales. Los combates eran peligrosos, pero los gladiadores entrenados podían alcanzar gran fama y fortuna.

Casco de mirmilón
Diseñado para proteger y, al mismo tiempo, intimidar al oponente. Siempre decorado con un pez... ¿A qué venía eso?

Equipamiento de *secutor*
Perfecto para el combate cercano y directo.

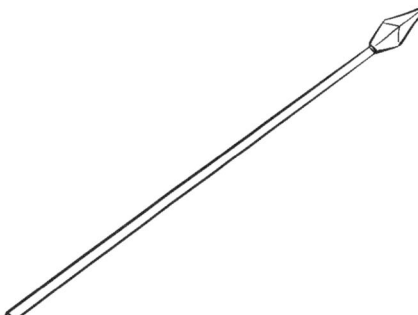

Lanza de *venator*
Los *venatores* usaban lanzas largas para mantener a distancia a sus peligrosos oponentes.

Armas de *retiarius*
Una combinación de tridente y red para un estilo de lucha ágil y estratégico.

Aunque la mayoría de los gladiadores eran hombres, también hubo mujeres, hasta que el emperador Septimio Severo lo prohibió en el año 200 d.C. ¡Y algunas éramos geniales!

EL EJÉRCITO ROMANO

El ejército romano era una máquina de guerra impresionante, bien organizada y eficaz. Estaba dividido en legiones, cada una con unos cinco mil hombres. Dentro de cada legión, había unidades más pequeñas: las cohortes (formadas por cuatrocientos ochenta soldados) y las centurias (ochenta soldados), lideradas por un centurión. Los legionarios, soldados de infantería pesada, eran el corazón del ejército y estaban armados con espadas cortas (*gladius*), lanzas (*pilum*) y escudos (*scutum*). Por encima de ellos, estaban los oficiales como los tribunos y, al mando de las legiones, generales como Julio César, quien conquistó la Galia, y Escipión el Africano, famoso por sus victorias en las guerras contra Cartago.

MÁQUINAS Y ESTRATEGIAS

El ejército romano no solo era poderoso por sus soldados, sino también por su innovador uso de las máquinas de guerra y las tácticas de combate. Desde catapultas hasta torres de asedio, las máquinas romanas eran fundamentales en la conquista de territorios. Además, sus formaciones en batalla, como la famosa «formación en tortuga», demostraban su habilidad para adaptarse y superar a sus enemigos.

Catapulta
Utilizada para asediar fortificaciones, podía lanzar piedras pesadas a grandes distancias, causando destrucción y caos entre las filas enemigas.

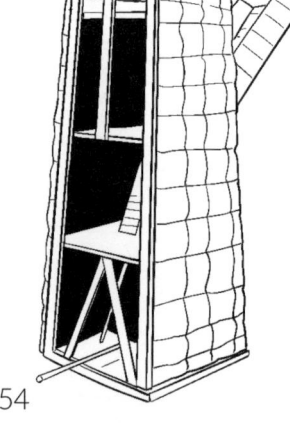

Torres de asedio
Permitían a los romanos acercarse y superar las murallas enemigas, proporcionando una plataforma elevada desde la cual los soldados podían atacar y entrar en las ciudades amuralladas.

Formación en tortuga

Era una táctica defensiva romana. Los soldados se alineaban hombro con hombro, sosteniendo sus escudos de frente y sobre sus cabezas, y así creaban un «caparazón» protector contra las flechas enemigas.

Ariete

Con su característica cabeza metálica, servía para romper puertas y murallas, permitiendo a las tropas romanas invadir posiciones fuertemente defendidas.

INVENTA TU MÁQUINA DE GUERRA ROMANA

¿Alguna vez has querido ser un ingeniero/a de guerra en la antigua Roma? ¡Ahora tienes la oportunidad de inventar tu propia máquina de guerra romana! Vamos a construir un modelo simple pero impresionante usando materiales fáciles de encontrar. ¡Pon a prueba tu creatividad y habilidades de construcción!

LISTA DE MATERIALES

Palitos de helado o varillas de madera

Gomas elásticas

Cucharas de plástico

Pegamento o cinta adhesiva

Cartón

Pinturas o rotuladores

INSTRUCCIONES

1. Estructura básica

Usa los palitos de helado para crear una estructura básica. Puedes hacer una torre de asedio con una base cuadrada y una plataforma superior, o una catapulta con una base triangular.

2. Mecanismo

Para la catapulta, utiliza una cuchara de plástico y gomas elásticas para crear un mecanismo de lanzamiento. Asegura la cuchara a la estructura con las gomas. Si has hecho otro tipo de máquina, invéntate un mecanismo sencillo pero eficaz.

3. Refuerzos

Usa cartón para añadir refuerzos a tu estructura y darle mayor estabilidad.

4. Decoración

Pinta o decora tu máquina de guerra. ¡Añade detalles como insignias romanas o símbolos de tu legión imaginaria!

5. Prueba de lanzamiento

Prueba el funcionamiento de tu máquina de guerra… con pequeños proyectiles, claro. ¡Y ten cuidado de que nadie resulte lesionado!

HISTORIA V

LA RELIGIÓN DE ROMA

Los dioses del panteón romano provienen de una mezcla fascinante de tradiciones. Muchos dioses y diosas griegos fueron adoptados y «romanizados», como Zeus, que se convirtió en Júpiter. Pero también había deidades únicas de Roma, como Vesta, diosa del hogar, y Jano, el dios de las puertas y los comienzos. Además de estos dioses, los romanos practicaban el culto imperial, venerando al emperador como una figura semidivina. Esta religión oficial convivió con otros cultos, aportando una rica diversidad al panorama espiritual de Roma.

Aquí en el templo de Júpiter, los romanos ofrecían sacrificios y pedían favores. ¡A cambio, sacrificaban montones de animales!

DIOSES Y DIOSAS

Júpiter
Equivalente a Zeus en la mitología griega, era el rey de los dioses y gobernaba el cielo y el trueno.

Juno
Juno, esposa de Júpiter, era la diosa del matrimonio y la familia, y protectora de las mujeres.

Neptuno
Neptuno, el Poseidón romano, era el poderoso dios de los mares y los océanos.

Venus
Equivalente a Afrodita en Grecia, era la diosa del amor, la belleza y la fertilidad.

Marte
Marte era el dios de la guerra. Se le veneraba por su valentía y por sus habilidades militares.

Diana
Diosa de la caza,
la naturaleza y la luna.

Apolo
Dios de la música, las artes,
el conocimiento y el sol, era
venerado por su belleza y sabiduría.

Plutón
Dios del inframundo
y de los muertos.

Jano
Jano, el dios de las puertas, los comienzos y los finales, era único en la mitología romana por sus dos rostros.

Baco
Dios del vino, la alegría y el teatro. Sus fiestas, las bacanales, eran famosas por su exuberancia y desenfreno.

HISTORIA ENREDADA
Los romanos eran muy fiesteros, ¡tenían un montón de fiestas! En la página 73 tienes unas cuantas.

SERES CON MUCHA MAGIA

Además de seres divinos, la mitología romana incluía otras criaturas mágicas, pero no tan poderosas como los dioses. Aquí tienes algunas de ellas.

Faunos y sátiros

Los faunos y los sátiros eran seres del bosque, conocidos por su amor a la música y su naturaleza traviesa. A menudo se los representaba con rasgos parcialmente animales, como piernas de cabra.

Centauros

Los centauros, mitad humanos y mitad caballos, eran símbolos de la naturaleza indomable y la fuerza.

Bacantes
Las bacantes eran seguidoras del dios Baco, famosas por sus rituales enloquecidos y sus fiestas salvajes en honor al dios del vino.

Ninfas
Las ninfas eran criaturas femeninas mágicas asociadas con elementos naturales como árboles, ríos y montañas. Eran conocidas por su belleza y por su conexión con la tierra y el agua.

¡Me encanta estar con las ninfas! En cambio las bacantes... me dan un poco de miedo.

DIOSES DE ANDAR POR CASA

En la antigua Roma, los dioses no solo habitaban en los templos; también estaban presentes en los hogares. Los lares y penates eran deidades domésticas que protegían la casa y la familia. Los lares eran espíritus de los antepasados y guardianes del hogar, mientras que los penates protegían las provisiones y aseguraban la prosperidad. Cada hogar tenía un altar dedicado a estos dioses, donde las familias ofrecían oraciones y sacrificios diarios, manteniendo así una conexión íntima con lo divino en su vida cotidiana.

Los lares, venerados en pequeños altares en las casas romanas, eran considerados protectores del hogar y la familia, y representaban el vínculo con los ancestros.

Los penates, dioses de la alacena y las provisiones, eran esenciales para el bienestar de la casa, ya que aseguraban que nunca faltasen alimentos ni recursos.

Esto de los lares y penates es como si en el siglo XXI hiciésemos una *app* para cuidar virtualmente a nuestros antepasados. ¡Tecnología y tradición unidas!

CREA TU PROPIA CRIATURA MITOLÓGICA

¿Alguna vez has soñado con crear tu propia criatura mitológica? ¡Esta es tu oportunidad de dejar volar tu imaginación! Mezcla partes de diferentes animales y seres humanos, y dale vida a una nueva leyenda romana.

1. Elige las partes del cuerpo
Decide qué partes de animales y humanos combinarás. ¿Tendrá cabeza de león y cuerpo de humano? ¿Alas de águila y cola de serpiente?

2. Nombra a tu criatura
Piensa en un nombre que refleje su apariencia y poderes.

3. Asigna poderes y habilidades
¿Qué habilidades mágicas tiene tu criatura? ¿Puede hablar con otros animales, controlar los elementos o volverse invisible? ¿Es un protector del bosque, un guardián de un tesoro oculto o un viajero entre distintos mundos?

4. Dibuja tu criatura
Con lápices de colores, rotuladores o pinturas, da vida a tu criatura en papel. ¡No olvides añadir detalles como escamas, plumas o garras!

HISTORIA VI

UN AÑO ROMANO

El calendario romano, reformado por Julio César en el 45 a.C., marcó un hito en la historia de la medición del tiempo. Este calendario era solar y consistía en trescientos sesenta y cinco días divididos en doce meses.

A diferencia de nuestro calendario, el juliano tenía un leve desajuste: no contaba correctamente los años bisiestos, y para compensarlo sumaba un día extra cada cuatro años. Esto significaba que, a lo largo de los siglos, el calendario juliano se desfasaba gradualmente respecto a las estaciones.

Además, en el calendario romano, los días se clasificaban en «fastos», para actividades públicas y políticas, y «nefastos», para actividades religiosas y descanso. Aunque lo de nefasto terminó significando «horriblemente malo»... Qué raro, ¿verdad?

Los nombres de algunos meses estaban dedicados a dioses o diosas específicos, como Martius (marzo, en honor a Marte), Ianuarius (enero, dedicado a Jano) o Iunius (junio, dedicado a la diosa Juno). El mes de julio estaba dedicado a César, y el de agosto, a Augusto. Otros meses se nombraban por el orden que ocupaban en el año (septiembre, por ejemplo, era el séptimo mes).

En cuanto a los días de la semana, estaban dedicados también a diferentes dioses o astros: el domingo era el *dies Solis*, dedicado al sol, el lunes estaba dedicado a la luna, el martes al dios Marte, el miércoles a Mercurio, el jueves a Júpiter, el viernes a Venus, y el sábado (*dies Saturni*) a Saturno.

Cada mes había tres fechas clave: las *calendas* (primer día del mes), las *nonas* (entre el quinto y el séptimo día) y los idus (entre los días trece y quince). Los idus de marzo eran la fecha límite para saldar deudas, y se consideraban días de mala suerte. Quizá por eso fueron los elegidos por los asesinos de César para matarlo...

LAS FIESTAS ROMANAS

Los romanos celebraban muchas fiestas relacionadas con los grandes momentos del año y estaban dedicadas a sus principales dioses y diosas. ¡Aquí tienes algunas de las más importantes!

Fiesta de cerealia (mediados de abril)
Celebración en honor a Ceres, diosa de la agricultura y la fertilidad, marcaba el inicio de la temporada de siembra.

Lemuria (9, 11 y 13 de mayo)
Fiestas para apaciguar a los lemures, espíritus de los muertos. Los romanos realizaban ritos para exorcizar estos espíritus en sus hogares.

Ludi Piscatorii (principios de junio)
Festival de los pescadores en honor a Neptuno, con competiciones de pesca y ofrendas al dios del mar.

Ludi Apollinares (6-13 de julio)
Juegos en honor a Apolo. Incluían competiciones musicales y representaciones teatrales.

Ludi Romani (septiembre)
Juegos celebrados en honor a Júpiter, se realizaban competiciones atléticas y carreras de carros.

Lemuralia (9, 11 y 13 de noviembre)
Similar a las Lemuria en mayo, esta festividad también estaba dedicada a apaciguar los espíritus de los muertos.

Saturnalia (17-23 de diciembre)
Una de las fiestas más populares y alegres, dedicada a Saturno. Se caracterizaba por el intercambio de regalos y la suspensión temporal de las normas sociales.

TU FIESTA ROMANA

Imagina que puedes crear tu propia fiesta romana. ¿En qué época del año la celebrarías? ¿Qué nombre le pondrías? Elige a un dios o diosa para dedicarle tus festejos. Piensa en cómo lo celebrarías: ¿habría música, bailes, juegos o quizás una gran comida? ¿Qué tipo de decoraciones usarías? ¿Coronas de laurel, velas, flores? ¡Deja volar tu imaginación y planifica la fiesta romana más increíble!

PREPARA TU FIESTA ROMANA

1. ¿A qué dios o diosa se la dedicarías?

   _____

2. ¿En qué época del año la celebrarías?

   _____

3. ¿Qué celebraciones incluirías? Señala con una cruz las que correspondan:

   - ☐ Procesiones
   - ☐ Decoraciones
   - ☐ Regalos
   - ☐ Disfraces
   - ☐ Banquetes
   - ☐ Espectáculos en el circo
   - ☐ Otros

4. Inventa aquí un rito especial muy raro y divertido para tu fiesta. Por ejemplo, llevar una rana en la cabeza, bañarse en las termas con el cuerpo pintado de rojo, tirarse salsa unos a otros...

   _____

5. Inventa un plato típico de esta fiesta especial y ponle un nombre. ¡Si suena a latín, mejor que mejor!

   _____

> Viajar a la antigua Roma ha sido una experiencia bastante intensa... ¡Me ha dado pena despedirme! Aunque, al volver a casa, me he dado cuenta de que en la actualidad conservamos un montón de cosas de los antiguos romanos. Por ejemplo....

Derecho romano: Nuestro sistema legal aún se basa en inventos de la justicia romana, como la presunción de inocencia.

Idiomas: Muchas lenguas europeas, incluidos el español, el catalán y el gallego, provienen del latín.

Arquitectura: Seguimos usando diseños romanos en arquitectura, como arcos y bóvedas.

Urbanismo: Nuestras ciudades, con plazas y calles planificadas, reflejan la estructura de las ciudades romanas.

Fiestas: Algunas fiestas actuales como la Navidad proceden de fiestas romanas cristianizadas (las *saturnalia*).

Frases y expresiones: Todavía usamos expresiones romanas como *carpe diem* (aprovecha el momento).

Cocina: El pan, alimento básico en Roma, sigue siendo esencial en nuestra dieta.

Sistema numérico: Los números romanos aún se usan en relojes, capítulos de libros e inscripciones.

Política: Conceptos políticos como senado y república tienen sus raíces en la antigua Roma.

¿Lo veis? Las historias de los antiguos romanos siguen enredadas con las nuestras... Casi podría decirse que somos los romanos y romanas del siglo XXI. ¡Aunque con menos dioses y más tecnología!

MÁS HISTORIAS ENREDADAS EN...